AF326215

DES PENTES

SUR LES

CHEMINS DE FER

DE GRANDE VITESSE.

PAR

M. MINARD,

INSPECTEUR DIVISIONNAIRE DES PONTS ET CHAUSSÉES.

PARIS.

IMPRIMERIE DE FAIN ET THUNOT,

RUE RACINE, N° 28, PRÈS DE L'ODÉON

1844

DES PENTES

SUR

LES CHEMINS DE FER

DE GRANDE VITESSE.

La question des pentes dans les tracés des chemins de fer de grande vitesse est une de celles qui ont excité le plus de controverses parmi les ingénieurs, surtout en France, où par la direction des esprits et par le peu de données positives qu'on avait dans le principe sur cette matière, on a été porté à conclure plutôt par théorie que par expérience.

Les calculs présentés par les ingénieurs pour comparer plusieurs tracés entre deux points sous le rapport des pentes et des dépenses de halage ont été faits de deux manières. Les uns ont ramené à l'horizontale les pentes des projets, et ont comparé un même tonnage transporté à différentes longueurs de niveau, lesquelles indiquent le rapport des frais de transport. Les autres, et c'est la méthode de M. de Pambour, rapportent au transport sur un kilomètre de niveau des tonnages différents, et ceux-ci indiquent la proportion des frais de halage.

Ces deux méthodes conduisent au même résultat ; mais il convient de faire à cet égard quelques observations.

Quand on ramène les chemins de fer en pente à l'horizontale, il n'est pas exact de dire que les frais de transport sont proportionnels aux longueurs obtenues par cette transformation, attendu que ces frais comprennent des éléments

— 4 —

qui sont les uns entièrement indépendants des pentes, et les autres très-peu modifiés par elles.

Ainsi, les salaires des mécaniciens, des chauffeurs, des conducteurs des voitures, des gardes-freins, etc., sont les mêmes, à vitesse égale, pour des chemins en pente ou de niveau.

Les réparations des machines et celles des voitures sont très-peu différentes dans les deux cas. Il est bien vrai que les frottements dus aux pressions qui s'exercent dans le sens de la traction sont un peu plus forts sur les parties inclinées que sur celles de niveau, mais les frottements latéraux des roues contre les rails, ceux des pistons, les petits chocs, le mouvement de trépidation, etc., ne reçoivent qu'une très-faible influence des pentes, et en subissent au contraire une très-forte de la vitesse ; et si, à la rigueur, on veut que les frottements, dans le sens de la traction, soient augmentés en montant, il faut admettre qu'ils sont diminués en descendant.

On peut donc dire que toutes les fois que l'on suppose une même vitesse, et c'est le cas dont il s'agit, les détériorations du matériel roulant, les dépenses de suif, d'eau, des machinistes, etc., sont hors de l'influence des pentes et sont les mêmes par kilomètre, quand on compare deux chemins sous le rapport de déclivités qui n'ont pas de trop grande disproportion.

Je ne puis donc partager l'opinion de M. de Pambour, qui, pour comparer les frais de halage d'un chemin à ceux du chemin de Liverpool, ramène tous les frais de halage, y compris l'entretien des locomotives, le salaire des machinistes et chauffeurs, etc., à un mille sur niveau (1) : il me semble que si le chemin de Liverpool était entièrement horizontal, ces frais seraient très-peu différents de ce qu'ils sont, excepté ceux du coke, de l'eau et des machines de renfort.

---

(1) *Traité des locomotives*, pages 608, 624 et 625, 2ᵉ édition.

Et d'ailleurs si tous les frais de halage indistinctement devaient être ramenés à un mille à niveau, on devrait opérer de même pour les frais d'entretien des waggons, des voitures, de salaires des gardes-freins, etc.

Eu égard à la consommation du coke, l'habile observateur dont je viens de parler, et à qui nous devons une théorie si lucide des locomotives, fait très-bien remarquer que la quantité de combustible qu'il a déduite d'expériences directes, est toujours dépassée dans l'exploitation journalière par diverses causes telles que la mise en activité des machines le matin, la continuation du feu pendant les temps de repos, et les machines de secours. M. de Pambour évalue l'excédant au quart de ce qui est nécessaire au service actif sur le chemin de Liverpool. Bien que ces circonstances doivent se rencontrer à divers degrés pour tous les chemins de fer, il n'en est pas moins vrai que l'excédant dépend entièrement du mode d'exploitation et nullement des pentes ; il serait le même, abstraction faite des machines de renfort, sur une ligne horizontale ou sur une ligne à pentes ; car il est évident que quelle que soit l'inclinaison d'un chemin, il faudra toujours la même quantité de coke pour allumer les machines, pour continuer leur feu au repos, pour entretenir les machines de secours, etc. Il ne paraît donc pas convenable de comprendre ces dernières quantités de combustible dans la réduction à un mille sur niveau, puisqu'elles sont indépendantes du mouvement.

Mais jusqu'à quel point les théories mécaniques doivent-elles guider dans le tracé des chemins de grande vitesse ? Celles qu'on a présentées jusqu'à présent expliquent-elles la marche des locomotives d'une manière satisfaisante ? Les règles qu'on en voudrait conclure offrent-elles des garanties suffisantes pour en justifier l'emploi dans l'exploitation des chemins de fer ? C'est ce que je n'entreprendrai pas d'examiner.

Je me bornerai à faire remarquer que les courbes, l'état

variable de la voie et des machines, les manœuvres des
mécaniciens, les intempéries de l'atmosphère, le vent surtout, sont autant de causes incessantes de perturbation
qui mettent le calcul en défaut et empêchent de l'appli-
quer utilement à la marche des machines.

Lors même que ces théories seraient d'une exactitude
convenable, les considérations mécaniques ne dominent
pas la question. Elles ne pourraient à elles seules établir
des règles pour le tracé qui dépend aussi du relief du ter-
rain, de la position des populations riveraines, de la fré-
quentation probable, de sa répartition inégale sur les diverses parties de la ligne, de la possibilité de réunir les
capitaux d'établissement, etc.

Aujourd'hui, plus instruits touchant les frais de transport sur les chemins de fer, nous pouvons mieux apprécier
l'influence des déclivités au point de vue économique, et
c'est sous ce rapport que je présenterai quelques observations.

Que veulent les ingénieurs en diminuant les pentes?
épargner la force motrice, c'est-à-dire le combustible qui
la produit. Quel est donc le rôle que joue la force dans
l'usage d'un chemin de fer? La proportion de ce qu'elle
coûte avec la dépense d'exploitation mesure son importance.

J'ai cherché à me rendre compte de cette proportion en
me servant des exemples les plus authentiques, et j'ai
dressé le tableau A ci-annexé.

Les rapports qu'indique la cinquième colonne de ce
tableau ne sont qu'approximatifs; évidemment, ils dépen-
dent du prix du combustible pour chaque localité et de
beaucoup d'autres circonstances; et quoiqu'ils s'écartent
notablement les uns des autres, la moyenne pour chaque
pays doit inspirer quelque confiance.

On prévoit d'ailleurs que les perfectionnements des locomotives ne peuvent que diminuer la consommation du
combustible, on peut citer surtout l'influence économique

qu'apportera l'usage des machines n'employant que la vapeur nécessaire à la pente où elles se trouvent.

Le tableau indique :

1° Que la traction ne coûte pas la moitié de tous les frais d'exploitation ;

2° Que le combustible ne coûte pas (excepté trois exemples) la moitié de la traction ;

3° Qu'en prenant les moyennes, les frais de combustible comparés à ceux d'exploitation, n'en sont que les 0.21 en France, et les 0.12 en Belgique et en Angleterre.

Mais il faut remarquer que tout le combustible n'est pas employé à produire la force, puisqu'on en consomme inutilement pour allumer les locomotives le matin, pour entretenir le feu quand elles sont arrêtées, et enfin, pour tenir prêtes les machines de secours ou de renfort.

Il était important de connaître les quantités de coke consommées par les locomotives en dehors de leur marche ; je n'ai pu me procurer ces renseignements que pour huit chemins désignés ci-dessous. Ils m'ont été communiqués par les directeurs ou ingénieurs des cinq premiers ; pour le chemin de Versailles, rive gauche, ils résultent d'une lettre imprimée de M. Petiet ; pour le chemin de Dublin et Kingstown, ils sont consignés dans l'ouvrage de Whishaw, et enfin pour les chemins belges, on les trouve détaillés dans le compte rendu aux chambres en février 1844, pages 10 et 11.

Coke consommé par les locomotives hors de la marche des convois

Chemin de Paris à Orléans.	17	
Id. de Paris à Saint-Germain	30	
Id. de Strasbourg à Bâle.	35	
Id. d'Alais à Beaucaire.	44	pour 100
Id. de Lyon à Saint-Étienne.	50	
Id. de Paris à Versailles (rive gauche). .	22	
Id. de Dublin à Kingstown.	23	
Tous les chemins belges en 1843.	35	

Quelques-uns de ces chiffres ne m'ont point été donnés

comme parfaitement exacts ; mais aussi complets que le comporte ce genre de recherche ; au surplus , le chiffre des chemins belges établit à lui seul une donnée suffisante.

On peut donc admettre que le combustible qui crée la force proprement dite n'est que les deux tiers de celui qui est consommé en totalité.

Il en résulte que pour les chemins français , par exemple, la dépense en *combustible utile* n'est que de 0.14 de la dépense d'exploitation.

Que pour les chemins belges et anglais la proportion est de 0.08.

Si de plus , on fait entrer en compte l'intérêt du capital d'établissement des chemins , considération qu'on ne peut omettre , puisque ce capital est au nombre des sacrifices que fait la génération présente pour avoir les chemins de fer et en doter l'avenir, on trouvera que dans l'état actuel de circulation de ces chemins cet intérêt équivaut à peu près à tous les frais d'exploitation (2) , d'où l'on peut inférer que la valeur relative du *combustible utile* , celui qui donne le mouvement , varie de 0.07 à 0.04 des dépenses de toute espèce.

Mais ces rapports , qui représentent en argent la force de traction , comprennent non-seulement celle qui est nécessaire pour monter accidentellement les pentes , mais encore celle qui doit vaincre continuellement les frottements ; or, tout porte à croire , comme on le verra plus loin , que pour les convois de grande vitesse , l'air et le frottement opposent une résistance presque égale à l'effort nécessaire pour monter une rampe de cinq millimètres. On peut donc dire que *la dépense qui concerne les pentes seules , quand elles ne sont pas extraordinaires, n'est pas en moyenne de trois pour cent des dépenses générales.* Telle est , au point de vue économique , l'influence des pentes dans la question des chemins de fer.

---

(2) *Voir* le tableau B à la fin.

Ce résultat, qui est loin de confirmer l'importance que plusieurs personnes attribuent aux pentes, n'a rien de surprenant; il est la conséquence du perfectionnement des voies de transport.

Si on jette un coup d'œil rapide sur ces améliorations successives, à savoir : le transport à dos de mulets, les chemins de terre avec charrettes à essieux de bois, les chaussées avec charrettes à essieux de fer, nos routes à pentes douces avec diligences, les chemins à ornières en fer avec chevaux, et enfin les railways actuels avec locomotives, on verra qu'à chaque modification du système transportant, l'intérêt du capital du chemin et des véhicules intervient en plus grande proportion dans le prix du transport; et le but de ces modifications étant toujours de diminuer les résistances, il en résulte naturellement l'emploi d'une force moindre pour une même masse transportée. Si ce perfectionnement avait atteint la limite que lui donne la pensée, l'emploi de la force serait presque nul, abstraction faite de celle nécessaire pour élever les masses et des résistances qui résultent des grandes vitesses.

Ces modifications sont en harmonie avec les besoins progressifs de la civilisation ; car la population et les transports croissant avec le temps, il a été plus avantageux à la société de faire porter l'économie sur la force, dont la quantité nécessaire croît avec les transports, que sur les capitaux d'établissement dont le sacrifice une fois fait devient d'autant plus léger, que l'intérêt se répartit sur des masses transportées plus considérables. Mais c'est précisément parce qu'une grande économie a déjà été obtenue sur la force, que la dépense qui s'y rapporte est aujourd'hui moins importante que celle du capital d'établissement, eu égard à l'ensemble général des dépenses.

Divers faits appuient ce que je viens de dire du peu d'importance des pentes modérées relativement à la dépense.

On lit dans Whishaw, page 3o (3) : « Une comparaison
» des voyages montant de Liverpool à Birmingham avec
» ceux descendant de Birmingham à Liverpool (1839)
» donne un singulier résultat. Les montées cumulées de
» Liverpool à Birmingham sont d'environ 620 pieds, et de
» Birmingham à Liverpool d'environ 380 pieds (à l'exclu-
» sion, dans les deux cas, du chemin de fer de Liverpool à
» Manchester); en conséquence, la différence pour monter à
» Birmingham est de 240 pieds. Dans sept voyages de 596
» milles, montant à Birmingham, la locomotive transporta
» 682 tonnes, véhicule compris, évapora 12 705 gallons
» d'eau, et consomma 177 sacs de coke (chacun d'un
» quintal et demi). Dans sept voyages de 596 milles des-
» cendant de Birmingham, la même machine transporta
» 629 tonnes brutes, évapora 12 379 gallons et consomma
« 177 sacs de coke. »

Il existe diverses rampes sur ce chemin de fer, en allant
de Liverpool à Birmingham, entre autres, une de o^m.0057
par mètre, de plus de cinq kilomètres de longueur, et une
de o^m.010, de 400 mètres de longueur.

Le chemin de Saint-Germain a, comme l'on sait,
18 400 mètres de longueur, dont 13 kilomètres environ
avec pente d'un millimètre par mètre et 5 kilomètres à peu
près de niveau. Celui de Versailles, rive droite, a 18 kilomètres avec pente continue de o^m.005 et 4 kilomètres
avec pente de o^m.001 ; beaucoup d'éléments du matériel et
du personnel sont communs aux deux chemins, cependant
malgré une si grande différence dans les pentes, il y en a
très-peu dans les prix de revient du kilomètre parcouru
par les locomotives.

Ces prix, d'après les comptes publiés, étaient pour

	Saint-Germain.	Versailles.
	fr.	fr.
En 1841	1 30	1.45
En 1842	1.38	1.60

(3) Whishaw's *Railways of Great-Britain*. London, 1840

Les dépenses en coke, ramenées au même prix de livraison sur les deux chemins, étaient par kilomètre parcouru de locomotive.

	Saint-Germain	Versailles.
	fr.	fr.
En 1841.	0.548	0.646
En 1842.	0.535	0.642

Beaucoup d'expériences faites au chemin de Versailles, rive droite, sur le coke brûlé indiqueraient qu'à vitesse égale et pour une même machine, un voyage montant n'exige qu'environ un huitième de plus de combustible qu'un voyage descendant.

L'évaluation généralement admise aujourd'hui pour les résistances qu'éprouvent les trains dans les grandes vitesses, est-elle applicable dans la pratique ? Je vais entrer à ce sujet dans un autre ordre de faits qui, au point de vue mécanique, paraissent conduire, pour les pentes, à une conclusion semblable à celle où je suis arrivé par des considérations de dépenses.

Le 15 décembre 1838, les ingénieurs du chemin de fer de Versailles, rive droite, montèrent dans un train de dix-huit waggons vides, qui étaient au-dessous de Saint-Cloud, avec l'intention de descendre jusqu'à Asnières par le seul effet de la gravité ; mais ils ne purent jamais y parvenir ; le train s'arrêtait toujours au bout de quelques cents mètres, bien qu'une locomotive lui eût donné à plusieurs reprises une vitesse initiale de 3 à 4^m.00. J'assistais à l'expérience ; le chemin non livré à la circulation n'était pas en parfait état, et le vent était oblique et contraire.

Depuis que ce chemin est livré au public, les ingénieurs m'ont dit que les trains abandonnés à eux-mêmes ne pouvaient dépasser une vitesse de six à sept lieues à l'heure (soit 7^m.70 par seconde). Cependant, en supposant le coefficient de frottement sur les rails admis par M. de Pambour, qui est de $\frac{1}{275}$, et en adoptant le mode de calcul qu'il propose pour la résistance de l'air, on trouve qu'un train de dix voitures pleines, avec la machine et son tender, descendant par leur poids seul sur une pente de 0^m.005, devraient acquérir une vitesse de dix lieues et quart par heure (soit 11^m.3 par seconde) (4).

Mais si l'on part de ce fait que la plus grande vitesse est de 7^m.70, on trouve, après déduction de la résistance de l'air, que le frottement sur les rails doit être d'environ $\frac{1}{33}$, et vraisemblablement dans la pratique, on doit le supposer beaucoup plus fort.

Cette opinion est d'ailleurs corroborée par les expériences détaillées dans le tableau C (5), lesquelles donnent les vitesses acquises par un convoi descendant librement sur le chemin de Versailles, rive droite, pente de 0^m.005. Ces expériences ont été faites en présence d'une commission de l'Académie, des ingénieurs du chemin, etc.

Elle font voir que la gravité n'a pu imprimer au convoi que 5^m.60 de vitesse par seconde, le 27 février, et 4^m.60 le 2 mars ; car les grandes vitesses initiales résultaient de

---

(4) 10 voitures pleines pèsent 53 tonnes, un tender 8 tonnes, une locomotive 15 tonnes, en tout. . . . . 76 tonnes.

Composante de la gravité parallèle à la pente. 380 kilog.
Frottement sur rail selon M. Pambour $\frac{1}{175}$ (page 184). . . . . 164 kil. $\Big\}$ 238
Résistance de la machine (page 250). 74

Excès de la gravité sur le frottement. . . . 142 kilog.

C'est là la résistance de l'air quand la vitesse est devenue uniforme.
D'après les hypothèses de M. Pambour la résistance de l'air se calcule par 6^m.50 quarrés pour résistance directe, plus 0^m.92 quarrés par voiture à la suite de la locomotive $= 0.92 \times 11 = 10^m.12$, en tout 16^m.62 quarrés ; donc la résistance de l'air par mètre quarré est $\dfrac{142^k}{16.62} = 8^k.5$, ce qui correspond à une vitesse de 10 lieues et quart à l'heure dans la table de M. de Pambour (page 154).

(5) *Voir* à la fin le tableau C.

l'impulsion qu'on donnait au convoi avec une locomotive. Toutefois, deux circonstances atténuent ici la vitesse acquise, le vent oblique et contraire, et les courbes fréquentes du chemin. Mais comme la vitesse uniforme qu'on aurait dû obtenir sur cette pente, au moment où la résistance de l'air détruit l'accélération de la gravité, est presque double des plus grandes vitesses observées, il faut conclure que les frottements de toute espèce sont plus considérables qu'on ne le suppose généralement.

On se fait donc une idée peu exacte de la valeur du frottement sur les rails dans les grandes vitesses, et le coefficient admis paraît beaucoup trop faible.

On a généralement adopté celui de $\frac{1}{275}$ que M. de Pambour a conclu de ses belles expériences sur le chemin de Liverpool, en 1834. Dans ces expériences, les waggons descendaient librement sur un plan incliné, et remontaient sur une pente douce immédiatement à la suite ; ils passaient par tous les degrés successifs de vitesse croissant depuis l'état de repos jusqu'à la marche ordinaire des convois, puis décroissant jusqu'au repos. Les hauteurs et les distances parcourues ont servi de base aux calculs. On détermine le frottement sur les rails au moyen d'une formule compliquée, laquelle suppose implicitement ce frottement indépendant de la vitesse ; elle renferme un terme relatif à la résistance de l'air, sur laquelle nous manquons de données suffisantes, et malgré tout le talent que M. de Pambour a développé dans ses recherches, les conclusions laissent à désirer.

En 1840, M. Morin, a fait, avec l'habileté qui le distingue, diverses expériences sur le tirage des trains sur les chemins de fer de Saint-Germain et Versailles, rive droite (6). Son dynanomètre était placé derrière le tender ;

---

(6) Ces expériences n'étaient entreprises qu'accidentellement pour permettre la comparaison entre les résistances des waggons ordinaires et celles des waggons articulés de M. Arnoux.

il indiquait la résistance opposée par cinq waggons à la suite pesant ensemble 27 777 kilogrammes, véhicules compris.

Douze expériences faites par un vent arrière qui soufflait dans la direction du chemin et avec une vitesse sensiblement égale à la marche du convoi, ont donné pour résistance, déduction faite de l'action de la gravité.

Maximum.	1/184	
Moyenne des douze.	1/198	du poids sur rails.
Minimum.	1/224	

Dix autres expériences faites, savoir : cinq vent debout et cinq autres avec ce même vent arrière, donnent les résultats ci-dessous :

	Vent arrière.	Le même vent debout.
Maximum.	1/240	1/115
Moyenne des cinq.	1/251	1/122
Minimum.	1/262	1/138

Dans ces expériences, les vitesses variaient de 5 à 7 mètres, et pour chacune d'elles les observations étaient faites dans un parcours d'un kilomètre.

Quatre autres expériences faites le même jour, sur une même partie en ligne droite du chemin de Saint-Germain et dans le même sens, deux avec des vitesses de $4^m.70$ et deux avec des vitesses de $11^m.20$, indiquent que la vitesse augmente beaucoup le frottement sur rail. En voici le détail, dans lequel j'ai calculé la résistance de l'air pour les cinq waggons à la suite du tender en prenant pour chacun d'eux, selon M. de Pambour, $1^m.92$ quarrés de surface et les résistances par mètre quarré données par sa table, page 154.

Le vent soufflait obliquement en sens contraire de la marche du convoi, il était de force moyenne ; j'ai supposé qu'il avait une vitesse de $3^m.00$ par seconde. L'espace parcouru à chaque expérience était d'un kilomètre.

VITESSE du convoi (par seconde).	VITESSE relative du vent.	TIRAGE déduction faite de l'action de la gravité.	RÉSISTANCE de l'air selon M. de Pambour.	RESTE pour frottement sur les rails.	RAPPORT du frottement au poids sur rails.
mèt.	mèt.	kilog.	kilog.	kilog.	
4.48	7.48	149	17	132	1/210
4.90	7.90	158	18	140	1/198
11.10	14.10	293	59	234	1/118
11.37	14.37	273	62	211	1/131

On sait que le docteur Lardener a fait en Angleterre plusieurs expériences sur la résistance des trains en les lançant à grande vitesse sur le palier au sommet d'un plan incliné, et les abandonnant ensuite à eux-mêmes au moment où ils allaient descendre sur le plan ; il mesurait avec soin la vitesse qui devenait bientôt uniforme ; alors la résistance totale qu'éprouvaient les trains sur le plan incliné, était égale à la composante de la gravité parallèle au plan. Si on en déduit la résistance de l'air, on doit avoir la résistance sur les rails. Je choisis pour faire ces calculs deux expériences qui ont eu lieu par un temps calme sur le plan de Sutton au chemin de Liverpool et incliné au $\frac{1}{89}$.

Nombre de voitures.	Poids total.	Vitesse uniforme sur le plan incliné au 1/89.	Résistance de l'air suivant M. de Pambour.	Composante parallèle au plan incliné.	Frottement sur les rails.	OBSERVATIONS.
	kilog.	mèt.	kilog.	kilog.		
6	35 017	15.7	176	393	1/161	Calme ordinaire.
8	41 361	14.0	154	464	1/133	Calme complet.

On obtient ainsi des coefficients de frottement plus que doubles de ceux qu'on admet ordinairement.

Les expériences que je viens de citer se prêtent un mutuel secours pour montrer que le frottement sur les rails augmente avec la vitesse ; c'est l'opinion que j'exprimais en 1833 (7), et les faits sont venus la confirmer.

Comment pourrait-on en avoir une autre quand on est bien attentif à ce qui se passe dans le roulement des trains ?

Lorsqu'on est dans une voiture de chemin de fer, n'entend-on pas, mais seulement à partir d'une certaine vitesse, un bruit répété à intervalles égaux, qui augmente de force et d'intensité avec la vitesse ? si on compte le nombre de coups correspondant à un kilomètre parcouru, on trouve précisément le nombre de longueurs de rail contenues dans le kilomètre ; c'est une expérience connue de tous les ingénieurs des chemin de fer et que j'ai souvent répétée. Il y a donc un choc contre chaque bout de rail qui a lieu dans les grandes vitesses et qui n'existe pas dans les vitesses faibles.

Quand on se place sur un remblai au moment du passage d'un train de grande vitesse, ne sent-on pas la terre trembler sous ses pieds, et ne voit-on pas le mouvement de trépidation des voitures imprimer des secousses plus ou moins fortes aux rails, aux chairs, aux traverses et *finalement à la sommité du remblai ?*

Tous ces phénomènes qui cessent dès que la vitesse est très-faible, qui sont évidemment indépendants du frottement de roulement des waggons, dénotent un autre genre de résistance qui croît avec la vitesse et qui consomme une partie de la force motrice. Tous ces chocs, il est vrai, sont d'autant plus intenses que le chemin de fer est mal entretenu ; mais dans les calculs usuels de la résistance sur rails, on ne doit compter que sur l'état habituel de la voie et non sur une perfection qui viendrait d'un soin extraordinaire.

---

(7) *Leçons faites sur les chemins de fer à l'école des ponts et chaussées,* pages 35 et 36.

La conséquence de tout cela est que les résistances qu'éprouvent les trains dans les grandes vitesses étant plus grandes qu'on ne l'admet généralement, elles absorbent une plus forte part qu'on ne le supposait de la force motrice nécessaire pour vaincre à la fois elles et la gravité, et que, dès lors, l'influence des pentes, même considédérées mécaniquement, n'a pas toute l'importance relative qu'on lui attribuait.

On se méprendrait sur le but de cet écrit si l'on croyait qu'il tend à ne tenir aucun compte des pentes dans les chemins de fer de grande vitesse : je pense au contraire qu'on doit éviter autant qu'on le peut les fortes pentes, c'est-à-dire celles qui dépassent sept à huit millièmes. Mais les ingénieurs chargés de tracer ces chemins ne sauraient trop se pénétrer de ce fait acquis par l'expérience sur la plupart des railways existant, qu'en représentant *toutes* les dépenses des chemins de fer par cent, on peut dire que généralement celles qui sont dues aux pentes figurent pour moins de trois, et celles des travaux pour cinquante ; qu'en conséquence, il est plus important de s'attacher à l'économie des ouvrages qu'à l'adoucissement des pentes.

Paris, avril 1844.

TABLEAU A. — *Dépenses de plusieurs chemins de fer en exploitation, en locomotives et en combustible.*

NOMS DES CHEMINS DE FER.	DÉPENSE ANNUELLE			RAPPORT des dépenses de combustible et d'ex ploitation.	AUTORITÉS.
	en exploitation.	en locomotives.	en combustible.		
	fr.	fr.	fr.	fr.	
Saint-Germain (année 1842).	615 538	304 120	117 776	0.19	Rapport du 25 mars 1843.
Strasbourg (année 1842).	1 474 922	879 327	414 170	0.28	*Id.* du 30 mars *id.*
Alais à Beaucaire (année 1842).	800 934	321 095	120 559	0 15	*Id.* du 12 mars *id.*
Bordeaux à la Teste (2ᵉ semestre 1842).	228 689	89 650	41 976	0 18	*Id.* du 29 mai *id.*
Versailles, rive droite (année 1842).	778 320	379 550	192 871	0.24	*Id.* du 28 mars *id.*
Corbeil (8 mois 1842).	620 200	303 700	133 500	0 21	*Id.* du 6 octobre 1841.
Tous les chemins belges (année 1843).	5 400 000	1 900 000?	660 600	0 12	Rapport aux chambres, 1844, pages vi, 6, 10 et 11.
Londres à Birmingham (année 1839-1840). . .	7 500 000	1 725 000	900 000	0.12	Whishaw, pages 251-254.
Grand junction (année 1839 et 6 mois 1840 . .	4 938 000	1 101 000	641 000	0 13	Whishaw, page 136.
Leeds et Selby (1837, 1838, 1839, et 6 mois 1840).	812 000	247 000	66 000	0 08	*Id.* pages 173 et 183.
Newcastle et Carlisle (année 1839).	930 800	»	103 800	0 11	*Id.* page 350.
Liverpool et Manchester (1833-1834).	2 448 000	746 000	152 000	0 06	M. de Pambour, p. 656-660 (machines fixes, camionnage, intérêts, etc, déduits).
Londres et Greenwich (année 1839).	804 000	262 000	114 900	0 14	Bineau, p. 367-368, et Whishaw pour les locomotives.
Londres et Croydon (57 jours 1839).	331 000	151 000	62 000	0.18	Bineau, p. 267-377.
Dublin et Kingstown (année 1838).	511 300	220 000	66 000	0 13	Whishaw. p. 63, 70, 71
Utica et Schenectady (année 1838).	651 500	249 700	1 7 300	0.18	M. Michel Chevalier, p. 272.

Tableau B. — *Frais annuels d'établissement et d'exploitation des chemins de fer, par kilomètre.*

NOMS DES CHEMINS DE FER.	Intérêts à 5 p. 100 du capital d'établissement.	Frais annuels d'exploitation.	AUTORITÉS.
	fr.	fr.	
Paris à Saint-Germain.	39 020	33 450	
Paris à Versailles, rive droite. .	45 610	43 240	
Paris à Corbeil.	18 330	20 610	Comptes rendus des compagnies.
Strasbourg à Bâle.	15 890	11 000	
Alais à Beaucaire.	9 070	8 700	
Bordeaux à la Teste.	5 660	4 310	
Tous les chemins belges, en 1842.	10 900	11 869	Rapp. aux ch., 1843, p. ix.
Idem. en 1843.	12 280	11 191	*Id.*, 1844, p. iv et v.
Birmingham et Derby. . . .	18 500	12 600	
Idem et Gloucester. .	21 200	17 290	
Durham et Sunderland. . . .	11 200	23 600	
Eastern et Counties	39 100	21 300	
Glascow et Ayr.	19 700	12 140	
Grand junction.	17 800	29 300	
Great North.	21 300	6 400	
Great Western.	43 600	35 400	
Hull et Selby.	16 600	13 800	
Liverpool et Manchester. . .	37 100	48 900	Rapport de M. Vivien sur le chemin de Marseille à Avignon.
London et Birmingham. . . .	42 000	40 000	
London et Brighton.	44 900	23 200	
London et Croffon. . . .	48 600	43 900	
London et South-Western. .	22 200	23 000	
Manchester et Leeds . . .	45 600	26 500	
Midland Counties	23 200	21 100	
Newcastle et Carlisle. . . .	12 800	9 800	
North-Midland	36 400	22 500	
Northen et Eastern. . . .	20 900	18 400	
North-Union.	18 600	19 200	
Ulster.	10 400	6 500	
York et North-Midland . .	18 600	17 500	
Leeds et Selby.	12 241	25 370	Whishaw, p. 173 et 183.
London et Greenwich. . . .	64 100	34 100	M. Bineau, p. 367 et 368.
Dublin et Kingstown. . . .	42 200	56 800	Whishaw, p. 63, 70 et 71.
Utica à Schenectady. . .	3 720	5 210	M. Michel Chevalier.

* M. de Pambour, pages 556 660 (machines fixes, camionnage, intérêts, etc., déduits).

TABLEAU C. — Expériences du 27 février 1840 (vent du nord moyen, convoi de 5 waggons de 5555 kilog. chacun, véhicules compris, descendant par la gravité sur le chemin de Versailles, rive droite.

POTEAUX kilométriques.	VITESSES observées.	DIRECTION DE LA VOIE.
	mèt.	
N° 21 à N° 20 .	8.00	Droite.
20 à 19 .	7.30	Courbe de 880 mètres; rayon, 1000 mètres.
19 à 18 .	6.60	Droite et courbe.
18 à 17 .	6.02	Courbe dans 2 sens; rayon, 800 mètres.
17 à 15 .	5.74	Droite et courbe.
15 à 14 .	5.88	Courbe dans 2 sens; rayon, 800 mètres.
14 à 13* .	4.76	Droite.
13 à 12* .	5.26	Droite.
12 à 11 .	5.40	Droite.
11 à 10 .	5.50	Droite.
10 à 9 .	4.30	Courbe de 620 mètres; rayon, 800 mètres.
9 à 8 .	4.30	Courbe de 1000 mètres; rayon, 800 mètres.
8 à 7 .	5.60	Droite.
7 à 6 .	5.60	Droite.
6 à 5 .	5.60	Droite et courbe.
5 à 4 .	5.55	Droite et courbe.

Expériences du 2 mars 1840 (vent dans la même direction, même convoi.)

POTEAUX kilométriques.	VITESSES observées.	DIRECTION DE LA VOIE.
N° 22 à N° 21 .	7.50	Courbe de 650 mètres; rayon, 1000 mètres.
21 à 20 .	6.10	Droite.
20 à 19 .	3.80	Courbe de 880 mètres; rayon, 1000 mètres.
19 à 18 .	3.70	Droite.
18 à 17 .	3.10	Courbe dans 2 sens; rayon, 800 mètres.
17 à 16 .	3.80	Droite.
16 à 15 .	3.80	Courbe de 720 mètres; rayon, 800 mètres.
15 à 14 .	4.00	Courbe dans 2 sens; rayon, 800 mètres.
14 à 13* .	4.40	Droite.
13 à 12* .	3.40	Droite.

* Partie du chemin où on déchargeait du sable, et où le convoi, lancé à la vitesse de huit lieues à l'heure, s'était arrêté complétement dans deux voyages précédents.

PARIS. — IMPRIMERIE DE FAIN ET THUNOT, RUE RACINE, 28, PRÈS DE L'ODÉON.